Sebastian Küsters

Einfühung in Mikrocontroller-Programmierung mit Assembler

GRIN Verlag

Bibliografische Information der Deutschen Nationalbibliothek:

Die Deutsche Bibliothek verzeichnet diese Publikation in der Deutschen National-
bibliografie; detaillierte bibliografische Daten sind im Internet über http://dnb.d-
nb.de/ abrufbar.

Impressum:

Copyright © 2014 GRIN Verlag GmbH
Druck und Bindung: Books on Demand GmbH, Norderstedt Germany
ISBN: 978-3-656-82843-3

Dieses Buch bei GRIN:

http://www.grin.com/de/e-book/282945/einfuehung-in-mikrocontroller-program-
mierung-mit-assembler

GRIN - Your knowledge has value

Der GRIN Verlag publiziert seit 1998 wissenschaftliche Arbeiten von Studenten, Hochschullehrern und anderen Akademikern als eBook und gedrucktes Buch. Die Verlagswebsite www.grin.com ist die ideale Plattform zur Veröffentlichung von Hausarbeiten, Abschlussarbeiten, wissenschaftlichen Aufsätzen, Dissertationen und Fachbüchern.

Besuchen Sie uns im Internet:

http://www.grin.com/

http://www.facebook.com/grincom

http://www.twitter.com/grin_com

Klausur Übersicht

Eingang und Ausgang festlegen

Eingang

Eingang als Eingang festlegen: „0" an eines der Datenrichtungsregister (DDRB, DDRC oder DDRD) schicken.

⇨ ldi r16,0x00 ; PB0...PB7 als Eingang => 8x „0".
⇨ out ddrb,r16 ; An Datenrichtungsregister senden.

Ausgang

Eingang als Ausgang festlegen: „1" an einer der Datenrichtungsregister(DDRB, DDRC oder DDRD) schicken.

⇨ ldi r16,0xff ; PB0...PB7 als Ausgang => 8x „1"
⇨ out ddrb,r16 ; An Datenrichtungsregister senden.

Anschließend muss noch der interne Pullup-Widerstand angelegt werden, um eine definierte „1" bei geöffnetem Taster anzulegen. Wird der Taster gedrückt liegt eine logische „0" vor. Der Pullup-Widerstand sorgt also dafür, dass der „verbotene" Zustand nicht vorkommen kann, sondern es immer einen definierten Zustand gibt. Taster ist also immer ein Öffner.

⇨ ldi r16,0xff ; Pullup-Widerstand für PB0...PB7 => 8x „1"
⇨ out portb,r16 ; Pullup-Widerstand setzen.

Invertieren der gelesenen Werte

Um die eingelesenen Werte zu invertieren, also bei gedrücktem Taster eine „1" und bei offenem Taster eine „0" benutzt man nach dem Einlesen den com-Befehl.

⇨ in r16,pinb ; PB0...PB7 nach r16
⇨ com r16 ; invertieren der Ausgabe. Jetzt kann der Taster als Schließer behandelt werden.

Einlesen und Ausgabe

Einlesen

Um einen Pin einzulesen benutzt man den in-Befehl. Beim Einlesen spricht man von Pin´s, z.B. pinb.

⇨ in r16,pinb ; lesen der Eingangswerte.

Ausgabe

Um etwas an einen Port rauszuschicken benutzt man den out-Befehl. Beim Ausgeben spricht man von PORT´s, z.B. portc.

⇨ out portc,r16 ; Ausgangswerte senden. Z.B. zum Einschalten von LEDs

Maskieren

Um nur bestimmte Pin´s eines Port herauszufiltern benutzt man „maskieren". Beim Maskieren macht man eine logische UND-Verknüpfung zwischen den Eingangswerten und der Maske. Die Maske hat an den Stellen, die man herausfiltern möchte eine 1 und an den Stellen, die man weg haben möchte eine 0.

z.B. Maske für PINB0 und PINB2 : 00000101.

⇨ ldi r17,0x03 ; die Maske
⇨ in r16,pinb ; die Eingangswerte
⇨ and r16,r17 ; logische UND-Verknüpfung (Ergebnis in r16)

Flags

Z-Flag (Zero-Flag)

Zeigt an, ob das Ergebnis 0 ist.

C-Flag (Carry-Flag)

Zeigt einen Überlauf oder Unterlauf im 8-Bit Rechenwerk an.

N-Flag (Negativ-Flag)

Zeigt den Zustand des höchstwertigen Bits (Bit 7, MSB) im Ergebnis an.

H-Flag (Half-Carry-Flag)

Zeigt an, dass ein Übertrag von Bit3 von Bit4 erfolgt ist.

V-Flag (Overflow-Flag)

Zeigt an, dass ein Überlauf nach einer Zweierkcmplement-Berechnung erfolgt ist.

S-Flag (Sign-Flag)

Zeigt an, dass ein Ergebnis negativ ist.

Tabellen

1. Datentabelle am Ende des Programmes einfügen
   1. Startadresse der Tabelle festlegen.
      a. .org 0x20
   2. Der Startadresse ein Label zuweisen.
      a. table:
   3. Werte in die Tabelle eintragen.
      a. .db $11,$22,$33,$44,$55,$66,$77,$88   (8 durch Komma getrennte Werte möglich)

2. Startadresse ins Z-Registers laden
   4. Zeiger einstellen.
      a. ldi zl,low(table*2) ; Low-Byte Adresse der Tabelle nach ZL
      b. ldi zh,high(table*2) ; High-Byte Adresse der Tabelle nach ZH
   ⇨ **Warum mit 2 Multipliziert?**
      Der lpm-Befehl erfordert eine Byte-Adresse. Da aber in dem Label „table" eine
      Wort-Adresse gespeichert ist, muss diese zunächst umgewandelt werden. Die
      Umwandlung geschieht durch den Faktor 2, da es doppelt so viele Byte-Adressen,
      wie Wort-Adressen gibt.

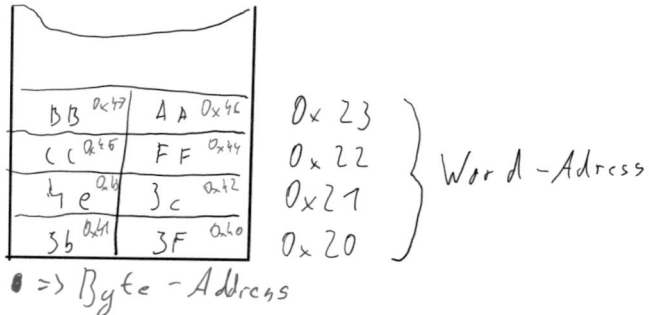

3. Wert aus Datentabelle laden
   5. Werte aus Datentabelle laden.
      a. lpm r17,z ; Wert, auf den der Zeiger zeigt in r17 laden.

Bsp.: 3. Wert der Tabelle :

```
ldi  r18, 0x03     // 3. Wert = 3 in r18
add  zl, r18       // Startadresse + 3
lpm  r19, z        // 3. Wert in r19
```

4

Unterprogramme

1. Stapelspeicher einrichten -> Stackpointer initialisieren

Im Stapelspeicher (Stack) werden u.a. Rücksprungadressen gespeichert, die dem Programm angeben, wohin es nach der Ausführung eines Unterprogrammes zurückspringen muss. Die Einrichtung des Stacks erfolgt durch die Initialisierung des Stackpointers. Der Stack befindet sich am Ende des DRAM-Speichers und speichert deshalb mit abfallenden Adressen, da er sich nach unten erweitert.

Um den Stackpointer zu initialisieren muss folgende Befehlsfolge am Anfang des Programmes stehen:

```
ldi r16, LOW(RAMEND)      ; LOW-Byte von Höchster SRAM-Adresse
out spl, r16              ; Stapelzeiger LOW-Byte setzen
ldi r16, HIGH(RAMEND)     ; HIGH-Byte von höchster SRAM-Adresse
out sph, r16              ; Stapelzeiger HIGH-Byte setzen
```

2. Unterprogramme erstellen, aufrufen und zurückkehren

Um ein Unterprogramm zu erstellen schreibt man am Ende des Quellcodes ein Label mit dem Namen des Unterprogramms und schreibt, wie gewohnt die Befehlsfolge der „Funktion".

```
Unterprogramm1:    dec r13
                   inc r19
```

Um dieses Unterprogramm „Unterprogramm1" aufzurufen schreibt man an der Stelle, wo es aufgerufen werden soll folgende Codezeile:

```
rcall Unterprogramm1
```

Um wieder zu der Stelle, wo das Unterprogramm aufgerufen wurde zurückzukehren, bzw. zur nachfolgenden Codezeile zurück zu kehren schreibt man diese Codezeile am Ende des Unterprogrammes:

```
ret
```

3. Register auf dem Stapelspeicher sichern und wiederherstellen

Da im Unterprogramm die Register des Hauptprogrammes verändert und beeinflusst werden können, ist es in manchen Fällen sinnvoll die Register vor dem Aufruf zu sichern. Um ein Register zu sichern sind folgende Codezeilen nötig:

```
push r16
```

Um ein Register wiederherzustellen führt man nach dem Unterprogramm folgenden Befehl aus:

      pop r16

Wichtig:

Bei push wird der Stackpointer um 1 dekrementiert.

Bei pop wird der Stackpointer um 1 inkrementiert.

Man muss daher die Reiherfolge der aufrufe von push und pop genau beachten.

      Bsp: push r16

              push r17

              pop r17

              pop r16 ; Nicht umgekehrt !

Flankenmerker

Um eine genauere Abfrage der Taster vorzunehmen muss man sich die Flanken merken, dies verhindert, dass bei längerem drücken eine Aktion mehrfach ausgeführt wird. Hierzu prüft man zunächst ob der Taster gedrückt ist, wenn er gedrückt ist, prüft man, ob der Flankenmerker „1" ist. Wenn der Flankenmerker „1" ist macht man nichts. Wenn er „0" ist setzt man ihn auf „1" und führt die Aktion aus.

Beispiel:

      sbis pinb,0 ;Springe, wenn PB0==1

      rjmp Flankenmerker0?USW

      cbr r20,0x00 ; Flankenmerker zurücksetzen

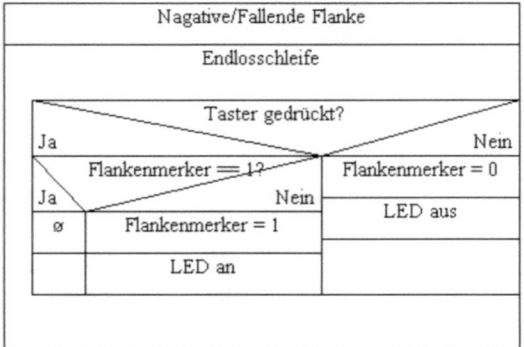

Positive/Steigende Flanke			
Endlosschleife			
Taster gedrückt?			
Ja			Nein
Flankenmerker = 0		Flankenmerker == 1?	
		Ja	Nein
LED aus		ø	Flankenmerker = 1
		LED an	

A/D-Wandler

Der A/D-Wandler des ATmega8 wandelt die Spannung, die über die sechs Anschlüsse für die analoge Eingangsspannung (PC0 bis PC5) anliegt, in eine 10-Bit breite Dualzahl um, das heißt er kann 2^{10} = 1024 Werte darstellen.

Bei der internen Referenzspannung von 2,56V ergibt sich eine Genauigkeit von 2,56V/1024 = 2,5mV. Benutzt man als externe Referenzspannung die 5V des USB-Anschlusses ergibt sich eine Genauigkeit von 5V/1024 = 5mV.

Initialisierung und Steuerung des A/D-Wandlers

Die Initialisierung und Steuerung des A/D-Wandlers erfolgt über 4 I/O-Register. (ADMUX, ADCSRA, ADCH und ADCL)

1. ADMUX
   a. MUX0....MUX3 wählen die Eingangsspannungsquelle. (0000 == PC0) (0001 == PC1) usw. MUX3 == MSB
   b. REFS0 und REFS1 bestimmen die Referenzspannungsquelle. (REFS0=1 und REFS1= 0 == AVcc als Referenzspannung)(REFS0=1 und REFS1=1 == interne Referenzspannung.)
   c. ADLAR legt fest, wie das Ergebnis abgelegt wird. (ADLAR=1 == linksbündige Ausgabe) (ADLAR=0 == rechtsbündige Ausgabe)
2. ADCSRA
   a. ADPS0...ADPS2 ergeben den Teilerfaktor, mit dem die Taktfrequenz der MCU geteilt wird. (MCU-Taktfrequenz = 3,6364 MHz; Teilerfaktor = 32; ergibt sich eine Taktfrequenz von 115,2 kHz für den A/D-Wandler) ADPS2 == MSB
   b. ADIF und ADIE sind für den Interrupt Betrieb bestimmt.

c. ADFR legt fest, ob eine einmalige oder eine fortlaufende Wandlung erfolgen soll. (ADFR = 1 == fortlaufende Wandlung) (ADFR = 0 == einmalige Wandlung)

d. ADSC startet eine Wandlung. Mit dem schreiben einer „1" in ADSC beginnt eine Wandlung. Wenn die Wandlung beendet ist, wird das Bit automatisch wieder auf „0" gesetzt.

e. ADEN aktiviert den A/D-Wandler. Eine A/D-Wandlung ist nur möglich, wenn das Bit auf „1" gesetzt ist.

3. ADCH ist das High-Byte Datenregister
4. ADCL ist das Low-Byte Datenregister